Bibliografische Information der Deutschen Nationalbibliothek:

Die Deutsche Bibliothek verzeichnet diese Publikation in der Deutschen National-
bibliografie; detaillierte bibliografische Daten sind im Internet über http://dnb.d-
nb.de/ abrufbar.

Impressum:

Copyright © 2011 GRIN Verlag
Druck und Bindung: Books on Demand GmbH, Norderstedt Germany
ISBN: 9783668908338

Dieses Buch bei GRIN:

https://www.grin.com/document/460798

Mario Götzner

NoSQL Datenbanken. Wide Column Stores

GRIN Verlag

GRIN - Your knowledge has value

Der GRIN Verlag publiziert seit 1998 wissenschaftliche Arbeiten von Studenten, Hochschullehrern und anderen Akademikern als eBook und gedrucktes Buch. Die Verlagswebsite www.grin.com ist die ideale Plattform zur Veröffentlichung von Hausarbeiten, Abschlussarbeiten, wissenschaftlichen Aufsätzen, Dissertationen und Fachbüchern.

Besuchen Sie uns im Internet:

http://www.grin.com/

http://www.facebook.com/grincom

http://www.twitter.com/grin_com

NoSQL Datenbanken-Wide Column Stores

Bakkalaureatsarbeit SS2011

Mario Götzner
Alpen-Adria Universität
Klagenfurt Klagenfurt, Österreich

Abstract-In den letzten Jahren konnte man eine Veränderung in der Datenbankwelt ausmachen. Denn seit dem Web 2.0 Zeitalter werden die Systeme mit neuen Anforderungen konfrontiert. Bestehende relationale Datenbanken können diese Anforderungen nur bedingt erfüllen. Alte Denkansätze wurden wiederentdeckt und mit Optimierungsverfahren ausgestattet. Dadurch entstand eine neue Generation von NoSQL Systemen (Not Only SQL), die es ermöglichen, die ungeheuren Datenmengen, die bei Social Networks und Co. anfallen, effizient zu verarbeiten. In diesem Artikel werden Wide Column Stores, eine Unterkategorie der NoSQL Systeme, behandelt.

Keywords: *NoSQL, Datenbanken, Bigtable, Wide Column Stores, BASE, Map/Reduce Framework, CAP, spaltenorientierte Datenorganisation, DSM, Paxos, Bloomfilter*

I. EINLEITUNG

Das Kernziel der neueren NoSQL Bewegung besteht darin, Web-Scale-Datenbanken, also Datenbanken für die ungeheuren Datenmengen des Web 2.0 Zeitalters im Tera- bzw. Petabyte Bereich, zu entwickeln. Wenn solch große Datenmengen verarbeitet werden müssen, ist es von Vorteil wenn die Datenbank im Vornhinein auf Skalierung ausgerichtet ist. Eine weitere Anforderung bezieht sich auf die Verfügbarkeit der Daten in einem verteilten System. Es muss gewährleistet werden, dass bei Teilausfällen von einigen Knoten, das System als Ganzes noch lauffähig bleibt. [1] Das zweite Kapitel des Artikels soll eine Einordnung und Kategorisierung der unterschiedlichen Datenbankmodelle ermöglichen. In der dritten Sektion werden die grundlegenden Eigenschaften des Datenmodells von spaltenorientierten Datenbanken, die die Grundlage von Wide Column Stores bilden, behandelt. Im vierten Kapitel wird Google's Bigtable, ein bestehendes Wide Column Store System analysiert. Im Speziellen werden das Datenmodell, die Infrastruktur und die Implementierung von Bigtable behandelt. Eingebettet in dieses Kapitel ist auch ein Performancevergleich zwischen verteilten Datenbanken. Im letzten Kapitel werden die Kernaussagen des Artikels zusammengefasst und offene Problemstellungen bzw. zukünftige Entwicklungen behandelt.

II. NoSQL DATENBANKEN

Obwohl die Idee einer nicht relationalen Datenbank schon seit den 70er Jahren existiert, fällt es aufgrund der Heterogenität der Systeme schwer, eine einheitliche Definition zu finden. Laut NoSQL Archiv gehört eine Datenbank zu den NoSQL Vertretern, wenn es einige der unten genannten Punkte erfüllt:

- Das zugrundeliegende Datenmodell ist nicht relational

- Die Systeme sind von Anbeginn auf eine verteilte und horizontale Skalierbarkeit ausgerichtet

- Das NoSQL System ist Open Source

- Schemafreiheit oder schwächere Schemarestriktionen

- Aufgrund der verteilten Architektur unterstützt das System eine einfache Datenreplikation

- Die Bereitstellung einer einfachen Programmierschnittstelle

- Dem System liegt meistens auch ein anderes Konsistenzmodell zugrunde (BASE statt ACID)[20]

Es zeigte sich bald die Erkenntnis, dass es immer schwerer wurde, herkömmliche relationale Datenbanken mit normaler commodity-Hardware zu skalieren. Mit dem ersten Punkt der Definition ist gemeint, dass das relationale Datenmodell nicht immer das perfekte Datenmodell sein muss. Punkt zwei beschreibt die Verteilung der Datenbank und ihre Ausrichtung auf Skalierbarkeit. Unter horizontaler Skalierbarkeit versteht man das Einfügen (bzw. Löschen) von Knoten in einem Netzwerk. Diese Knoten werden dynamisch eingebunden um einen Teil der Datenlast tragen zu können. Bei der vertikalen Skalierung werden die Rechner aufgerüstet, damit sie leistungsfähiger sind. Die Forderung nach Punkt drei, kommt von der Erkenntnis, dass in der Industrie zu oft zu viel Geld für Datenbanksysteme ausgegeben worden ist, die aber dennoch nicht ideal passen. Dieser Punkt wird zwar heiß diskutiert, ist aber nicht als eine strikte Forderung anzusehen. So wird die Open Source Bewegung als eine Art Protest betrachtet, mit der

Hintergrundidee, neue Geschäftsmodelle zu etablieren. Punkt vier ist daraus zu begründen, dass Web 2.0 Portale und Projekte deutlich agiler sein müssen als beispielsweise Bankanwendungen. Der Kern der Sache ist der, dass Schemaerweiterungen in relationalen Datenbankanwendungen eher selten problemlos verlaufen, und das darüber liegende Portal für Stunden außer Gefecht setzen können. Die Idee von NoSQL dagegen ist jene, einen Teil der Verantwortung im Umgang mit dem Schema auf die Anwendung zu übertragen. Dieses Ziel wird durch die Versionierung der Daten verfolgt. So kann die Anwendung von Anfang an erweiterte Daten (z.B. ein Feld mehr) schreiben und ein Hintergrundprozess konvertiert die Daten und legt sie als neue Version ab. Der fünfte Punkt ergibt sich als logische Konsequenz des verteilten Designs der NoSQL Anwendungen, da die Daten bei Einbindung eines neuen Knotens auf diesen verteilt werden. Es ist nicht zu widerlegen, dass SQL einer der reifsten Standards der Datenbankwelt ist, insbesondere bei einem sauberen relationalen Modell. Doch werden Tabellen und Spalten oft unüberlegt in ein bestehendes, gut ausgebautes Datenmodell angefügt. Dadurch kann die Anwendung Performance einbüßen. NoSQL Entwickler versuchen neue Wege zu gehen, und Abfragen nicht mehr derart join-intensiv (Operationen bei denen Relationen miteinander verknüpft werden) zu gestalten, wie es bisher der Fall war. Viele Programmierschnittstellen von NoSQL Systemen sind daher tatsächlich einfacher als SQL, bieten aber manchmal auch weniger mächtige Abfragemöglichkeiten an. Nicht selten müssen Anwender dadurch komplexere Aufgaben als Map/Reduce (siehe Kapitel IV.G.2) Abfragen formulieren. Der letzte Punkt betrifft das Konsistenzmodell von NoSQL Systemen. Nicht alle heutigen Websysteme benötigen die strikten Konsistenz- und Transaktionsanforderungen die von relationalen Systemen zur Verfügung gestellt werden. Das typische Beispiel sind Social Web Portale, die in der Regel keine besonders kritischen Daten halten. In diesen Systemen können die Daten auch einmal für ein kurzes Zeitfenster inkonsistent sein. Solche Systeme benötigen daher keine ACID (Atomicity, Consistency, Isolation, Durability) Garantien, denn in der Regel reichen BASE (Basically Available, Soft State, Eventually Consistent) Anforderungen aus. Es gibt durchaus NoSQL Systeme die ACID oder beide Modelle wahlweise zur Verfügung stellen. [1]

A. Einordnung in die Datenbankwelt

Die meisten Datenbanken können in zwei Lager aufgeteilt werden. Auf der einen Seite stehen die relationalen Datenbanken(MySQL, Oracle, Sybase), die vor allem in den 90er Jahren großen Aufschwung erlebten. Auf der anderen Seite stehen die NoSQL Datenbanken. Dieses Lager kann wiederum in zwei Gruppen unterteilt werden. Die Core-NoSQL und die nachgelagerten Soft-NoSQL Datenbanken. Die Kerngruppe lässt sich nach den zugrundeliegenden Datenmodellen in vier Subkategorien differenzieren. Die Key/Value Stores, Document Stores, Graphdatenbanken und die Wide Column Stores. Die nachgelagerte Gruppe unterscheidet sich von den Kernsystemen insofern, dass sie

zwar keine relationale Lösung repräsentieren, aber auch nicht den ursprünglichen NoSQL Datenmodellen entsprechen. Zu dieser Gruppe gehören unter anderem Objekt- und XML Datenbanken. [1]

B. Kategorien der Kernsysteme

1) Key/Value Stores

Key/Value Datenbanken gehören zu den ältesten Datenbanken. Das einfache Datenmodell, bestehend aus Schlüssel und Wert ermöglicht eine schnelle und effiziente Datenverwaltung. Des Weiteren zeichnet sich dieses Schema durch eine einfache Skalierung aus, was im Gegensatz zu relationalen oder join-intensiven Daten und Anwendungen sehr kompliziert werden kann. Jedoch birgt dieses Modell auch Nachteile. Da die gespeicherten Daten schemafrei sind, lässt die Abfragemächtigkeit zu wünschen übrig. Komplexe Abfragen können oft nicht selbst implementiert werden, stattdessen muss man sich auf die Mächtigkeit der API verlassen. Dennoch gehört diese Kategorie zu den am schnellsten wachsenden NoSQL Systemen. Wichtige Vertreter dieser Gruppe sind Redis, Voldemort und Amazon's SimpleDB. [1][10]

2) Document Stores

Bei Document Stores handelt es sich nicht um Dokumentdatenbanken, sondern um strukturierte Datensammlungen wie JSON, YAML oder RDF Dokumente. Eine Datei wird zusammen mit ihrer ID abgelegt. Wobei die Datenbank nur festlegt, auf welches Format die ID verweist. Document Stores verfolgen die Idee, die Schemaverantwortung von der Datenbank auf die Anwendung zu übertragen. Dies kann für manche Anwendungen erhebliche Nachteile haben, wenn beispielsweise die referenzielle Integrität gewährleistet werden muss. Aber gerade bei Web 2.0 Applikationen bringt diese Eigenschaft erhebliche Vorteile. So kann sich die Anwendung selbständig um Schemaerweiterungen oder Schemainkompatibilitäten kümmern. Abfragen werden in Document Stores effizienter verarbeitet als in Key/Value Systemen. Zu den bekanntesten Mitgliedern dieser Gruppe gehören CouchDB und MongoDB. [1][10]

3) Graphdatenbanken

Diese Systeme verwalten Graph- oder Baumstrukturen, in denen die Elemente über Kanten verknüpft sind. Da es eine Vielzahl von Graphen gibt, gibt es auch verschiedenste Graphdatenbanken. Die größte Bedeutung haben derzeit die nativen Datenbanken, welche Property Graphen abbilden. In dieser Struktur kann man die Knoten und Kanten des Graphen mit Eigenschaften und Gewichtungen versehen. Ein großer Vorteil dieser Systeme ist, dass die Relationen über Kanten sehr viel schneller traversiert werden können, als in relationalen Systemen. Ein wichtiges Anwendungsfeld in welchem Graphdatenbanken verstärkt zum Einsatz kommen, sind die Location Based Services (LBS). Bei diesen Services werden Webinformationen mit geographischen Daten verknüpft. Aber auch in anderen Bereichen kann diese Gruppe sehr sinnvoll eingesetzt werden. Ein Nachteil dieser Variante ist jedoch, dass das Clustering bei Graphdatenbanken mitunter sehr komplex werden kann. Wichtige Vertreter dieser Gruppe sind Neo4J, Infogrid und SonesDB. [1][10]

4) Wide Column Stores

Die abschließende Kategorie, die das eigentliche Thema dieser Arbeit ist, bilden die Wide Column Stores, auch Column-Family Systeme genannt. Die Datenstruktur ähnelt einer Excel Tabelle, mit dem Unterschied, dass beliebige Schlüssel auf beliebig viele Key/Value Paare – sogenannte Columns – abgebildet werden können. Diese Systeme sind speziell auf die Speicherung und die Verarbeitung sehr großer Datenmengen, die auf mehrere Rechner verteilt sind, ausgerichtet. Ein Nachteil dieser Gruppe ist jedoch, dass das Einfügen von Daten unter manchen Umständen sehr aufwändig sein kann. Zu den leistungsfähigsten Datenbanken dieser Kategorie zählen C-Store, MonetDB und FluidDB. Im Laufe dieser Arbeit wird Google's Bigtable als Vertreter der Column-Family Systeme genauer analysiert. [1][10]

C. Theoretische Konzepte

In diesem Kapitel soll auf die theoretischen Konzepte, auf die NoSQL Datenbanken aufbauen, eingegangen werden. Ein Unterschied zu relationalen Datenbanken besteht im gewählten Konsistenzmodell. Vor dem Web 2.0 Zeitalter war das ACID (Atomicity, Consistency, Isolation, Durability) Konsistenzmodell der „heilige Gral" der Datenbankentwickler. Doch bei verteilten Systemen spielen vor allem die Konsistenz, Verfügbarkeit und Ausfalltoleranz eine zentrale Rolle. Man versuchte die Architektur der Datenbank stets in Hinsicht auf die Konsistenz der Daten aufzubauen. Doch mit dem Einzug der verteilten Datenbanken und anderen Web 2.0 Anwendungen stiegen die Reaktionszeiten der Systeme rapide an. Diese konnten die Entwickler nur temporär mit aufwändigen „Workarounds" beseitigen, bis die nächste Skalierungsebene erreicht war. Im Jahr 2000 konnte Erik Brewer mit dem CAP Theorem beweisen, dass man bei verteilten Datenbanken nur zwei der drei Größen gleichzeitig erreichen kann. [1]

1) CAP Theorem

- Konsistenz(Consistency): steht im Theorem dafür, dass die Daten nach Beenden einer Transaktion einen konsistenten Zustand erreichen. Bei verteilten Systemen bedeutet dies, dass alle Replikationen eines veränderten Datensatzes aktualisiert werden müssen. Dies kann bei Systemen mit vielen Clustern die Reaktionszeit enorm erhöhen.

- Verfügbarkeit(Availability): bezeichnet die akzeptable Reaktionszeit, die von System zu System variieren kann. Wenn eine Transaktion beispielsweise im E-Commerce Bereich zu lange dauert, kann dies zu Umsatzeinbußen führen.

- Ausfalltoleranz(Partition Tolerance): in Webanwendungen stehen Ausfälle eines einzelnen Knotens an der Tagesordnung. Das Ziel ist, dass bei einem Ausfall eines Knotens nicht gleich das ganze System ausfällt, sondern weiter auf Anfragen von außen reagiert werden kann.[1]

Erik Brewer konnte mit seinem Theorem beweisen, dass in einem verteilten Datenbanksystem immer nur zwei dieser drei Größen gleichzeitig erreicht werden können. Ein kurzes Szenario soll diese Aussage verständlicher machen.

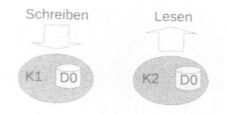

Figure 1.   CAP-Szenario[1]

Das Beispiel beschreibt eine einfache, aus 2 Knoten K1 und K2 bestehende verteilte Datenbank. Die Knoten stellen Replikationen derselben Daten D0 dar. Der Knoten K1 ist in diesem System nur für die Schreiboperationen auf die Daten D0 zuständig, K2 liefert alle Leseoperationen.

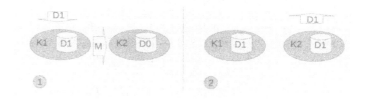

Figure 2.   CAP-Szenario: Synchronisation[1]

Nachdem D0 durch eine Schreiboperation in den Zustand D1 gewechselt ist, wird K2 durch eine Nachricht des Synchronisationsmechanismus der verteilten Datenbank aktualisiert. Eine darauf folgende Leseoperation auf K2 erhält den neuen Zustand D1.

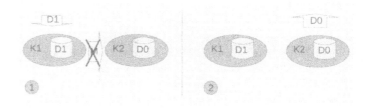

Figure 3.   CAP-Szenario: Verbindungsausfall[1]

Nun kann man sich vorstellen, dass die Kommunikation zwischen K1 und K2 durch einen Ausfall der Netzwerkverbindung nicht mehr möglich ist. Dann kann nach der Schreiboperation auf K1 die Aktualisierung der Daten von D0 auf D1 nicht mehr auf K2 synchronisiert werden. Sollte das System ein Protokoll verwenden, dass erst bei vollständiger Synchronisation aller Knoten eine Transaktion abschließt, werden durch diesen Ausfall Teile der Daten auf K1 blockiert, was bei Schreiboperationen schnell zu einem Einbruch der Verfügbarkeit des Systems führt. Die Verfügbarkeit kann nur dadurch gewährleistet werden, dass man akzeptiert, dass in diesem Fall die Daten auf K1 und K2 nicht mehr konsistent sind. K1 würde seine Schreiboperation ausführen, ohne zu gewährleisten, dass auf K2 der neue Zustand D1 synchronisiert wird. [1]

2) ACID vs. BASE
Bei Verwendung des ACID Modells wird dafür gesorgt, dass bei Transaktionen folgende Eigenschaften eingehalten werden:

- Atomarität: alle Operationen einer Transaktion werden beendet, oder keine.

- Konsistenz: die Datenbank ist in einem konsistenten Zustand, wenn die Transaktion beginnt und wenn sie endet.

- Isolation: es wird verhindert, dass nebenläufige Transaktionen sich gegenseitig beeinflussen.

- Dauerhaftigkeit: Nach Abschluss einer Transaktion können durchgeführte Operationen nicht mehr rückgängig gemacht werden.

Diese Eigenschaften werden bei verteilten relationalen Datenbanken meist durch Commit-Protokolle gewährleistet. Diese Verfahren verursachen einen hohen Kommunikationsaufwand zwischen den Rechnern und dem Transaktionskoordinator. Des Weiteren können Teilausfälle zu erheblichen Performanceschwierigkeiten führen, was die Verfügbarkeit der Daten beeinträchtigt. [13] Die meisten Web 2.0 Anwendungen benötigen nicht die strikten Anforderungen des ACID Modells. Als Alternative bietet sich das BASE Konsistenzmodell an. Bei diesem Modell liegt das Hauptaugenmerk auf der Verfügbarkeit der Daten, wobei die Konsistenz in den Hintergrund rückt. Es erlaubt, dass die Daten zumindest eine Zeit lang inkonsistent sind, aber dass sie irgendwann den Zustand der Konsistenz erreichen werden.[1] Im Generellen bedeutet dies, wenn auf einem Objekt keine neuen Updates mehr durchgeführt werden, erhalten alle nachfolgenden Operationen schlussendlich den zuletzt aktualisierten Wert. Wenn das System keine Ausfälle hat, wird das Zeitfenster, in dem das Objekt inkonsistent ist, durch Faktoren wie die Verzögerungen der Kommunikation zwischen Knoten, die Auslastung des Systems oder die Anzahl der zu aktualisierenden Replikationen, begrenzt.[17] Dadurch ist es einerseits möglich, einen hohen Grad an Verfügbarkeit zu erreichen und zum anderen können Teilausfälle von einzelnen Knoten nicht das ganze System lahmlegen. Jedoch eignet sich dieses Modell nicht für alle Arten von Anwendungen. Bei sicherheitskritischen Daten, wie zum Beispiel Bankdaten, kann man dem System nicht erlauben, diese in einem inkonsistenten Zustand zu lassen. [1]

3) Multiversion-Concurrency-Control
Die korrekte Speicherung der Daten ist eines der Hauptanliegen der Datenbankentwickler. Eine weit verbreitete Strategie um dies sicherzustellen, ist die Sperrung des Datensatzes während des Schreibzugriffes. Nachdem der Schreibzugriff abgeschlossen ist, wird der veränderte Datensatz für nachfolgende Lese- bzw. Schreiboperationen wieder freigegeben. Dieses Verfahren lässt sich problemlos implementieren und ist sehr effizient, solange die Kommunikationskosten gering sind und die Sperren nicht zu lange dauern, oder zu häufig auftreten. Aufgrund dieser Kriterien ist das Sperrverfahren aus Sicht von Webanwendungen eher kritisch zu betrachten, da durch lange Leseoperationen die Kommunikationskosten bei verteilten Datenbanken stark ansteigen. Zur Lösung des Problems kann die Multiversion-Concurrency-Control (MVCC) Methode verwendet werden. Hier werden einfach mehrere unveränderliche Versionen eines Datensatzes erstellt, die in zeitlicher Reihenfolge organisiert sind. Wird ein Element durch einen Schreibzugriff verändert, wird das modifizierte Element durch eine Identifikationsnummer, die zur Versionierung dient, und einem Verweis auf die vorhergehende Version gespeichert. Die Speicherung erfolgt so, dass nachfolgende Abfragen immer den aktuellsten Datensatz als Antwort erhalten. Als Identifikationsnummer können beliebige Daten genommen werden, beispielsweise ein Zeitstempel oder eine laufende Nummer. Durch diese Methode wird das BASE Konsistenzmodell aufrechterhalten und Lesezugriffe nicht durch Schreiboperationen blockiert. Nachfolgend wird das Prinzip der MVCC Methode nochmals graphisch dargestellt. [1]

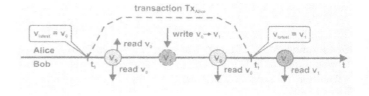

Figure 4. Sperren freie, konkurierende Lesezugriffe durch mehrere Versionen von v [1]

III. SPALTENORIENTIERTE DATENBANKEN

Wie in Kapitel zwei bereits erwähnt, eignen sich Wide Column Stores speziell für die Verarbeitung sehr großer Datenmengen. In Zusammenhang mit Wide Column Stores, spricht man oft von spaltenorientierten Datenbanken. Dies bezieht sich zunächst auf die Art und Weise, in der die Daten auf dem verwendeten persistenten Speichermedium (z.B. Festplatte) abgelegt werden. In traditionellen Datenbanken liegen dort immer alle Felder (Attribute) einer Tabellenzeile (Tupel) hintereinander, weshalb solche Datenbanken als zeilenorientiert und deren physisches Datenmodell oft als n-ary Storage Model (NSM) bezeichnet werden. Dieses Datenmodell ist günstig, wenn in einer Transaktion wenige komplette Tupel gelesen oder geschrieben werden sollen. Im Gegensatz kann dazu bei einer rein spaltenorientierten Datenbank jede Spalte in einer eigenen Datei liegen. Auf einen Wert eines Attributs eines Tupels folgt in Lesereihenfolge nicht das nächste Attribut des zugehörigen Tupels, sondern das gleiche Attribut des nächsten Tupels. [12]

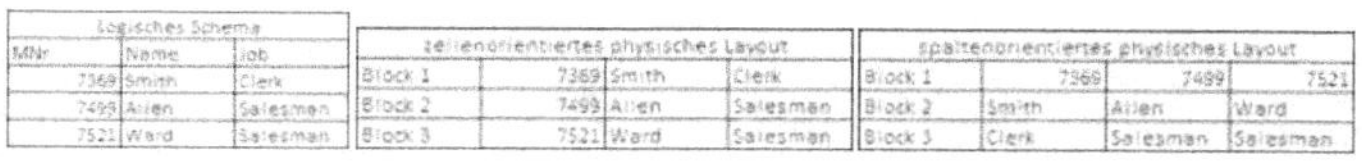

Figure 5. Darstellung der physischen Datenorganisation in zeilen- bzw. spaltenorientierten Datenbanken [19]

A. Datenmodell

Eine wichtige Struktur, die vor allem in Wide Column Stores Anwendung findet, ist das Decomposed Storage Model (DSM). Das DSM spaltet Relationen in binäre Relationen auf, die jeweils einen künstlichen Primärschlüssel (Surrogat) und eine Datenspalte umfassen. Die Verbindungen der Attribute werden mit Assoziationen über den Primärschlüssel erreicht. Da die Attribute in verschieden Bereichen gespeichert sind, und durch nichts zusammengehalten werden, kann man beim DSM von einem spaltenorientierten Aufbau sprechen. [8][12]

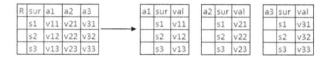

Figure 6. Konzeptuelles Schema einer Relation und als Darstellung im DSM [8]

Im Folgenden werden die Möglichkeiten aufgezeigt, die sich durch die Datendarstellung des DSM ergeben.

1) Attribute mit mehreren Werten
Werden im NSM Attribute mit mehreren Werten unterstützt, muss entweder die Datenabhängigkeit reduziert werden, oder die Komplexität der Speicherstruktur nimmt zu. Im DSM erhöht sich weder die Komplexität, noch muss die Speicherstruktur verändert werden. [8]

Figure 7. Konzeptuelles Schema einer Relation mit mehreren Werten und als Darstellung im DSM. Der zweite Wert verändert im DSM nur die Relation a2. [8]

2) Heterogene Einträge
Die nachfolgende Abbildung zeigt eine Relation mit zwei unterschiedlichen Typen t1 und t2. Die Unterstützung von heterogenen Einträgen im NSM würde expliziten Speicher in jedem Eintrag benötigen, oder einen Indikator erfordern, der anzeigt, dass bestimmte Attribute für manche Typen nicht vorhanden sind. Dies führt dazu, dass der Typ eines jeden Eintrages, bei Abfragen überprüft werden muss. Das NSM könnte mittels partieller Dekomposition indirekt heterogene Einträge unterstützen, indem es für jeden Typ eine neue Relation erstellt. Das DSM behandelt heterogene Einträge automatisch, ohne dass zusätzlicher Speicher für die Überprüfung der Attribute benötigt wird. [8]

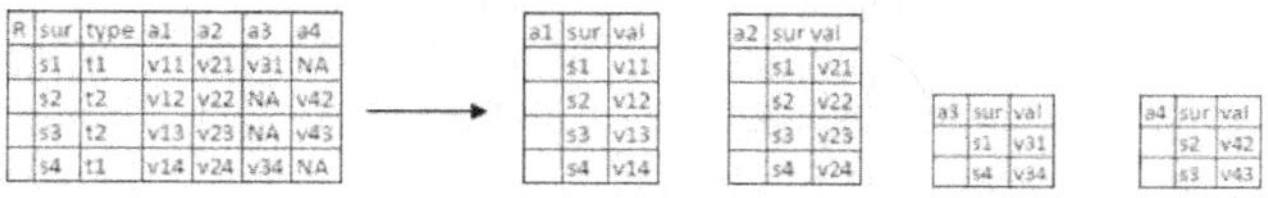

Figure 8. Konzeptuelles Schema einer Relation, und Darstellung im DSM. Als praktisches Beispiel könnte diese Relation die Mitarbeiter eines Unternehmens repräsentieren. Typ 1 wäre ein Vertreter, Typ 2 ein Techniker. Beide Typen hätten einen Namen und ein Geburtsdatum (a1,a2), aber der Vertreter hätte ein Firmenauto (a3) und der Techniker ein Projekt (a4). Im DSM müsste bei Abfragen keine zusätzliche Überprüfung stattfinden, da nur Einträge mit relevanten Attributen von der Abfrage beachtet werden. [8]

3) Attribute mit mehreren Beziehungen
Die Unterstützung von Attributen mit mehreren übergeordneten Beziehungen führt bei NSM zu einer Erhöhung der Komplexität bei Aktualisierungen. In diesem Beispiel wird der Eintrag s3 redundant in beiden Beziehungen R und Q gespeichert. Wird der Datensatz verändert, müssen alle Duplikate gefunden und aktualisiert werden. Eine Alternative wäre es, den ganzen Eintrag in einer Relation zu speichern, und in den anderen eine Referenz auf das Objekt abzulegen. Dies führt jedoch dazu, dass sowohl die Komplexität von Schreibvorgängen als auch von Lesevorgängen ansteigt. Das DSM würde Entitätsbeziehungen benutzen um die Relation darzustellen, ohne die Redundanz der Einträge zu erhöhen. [8]

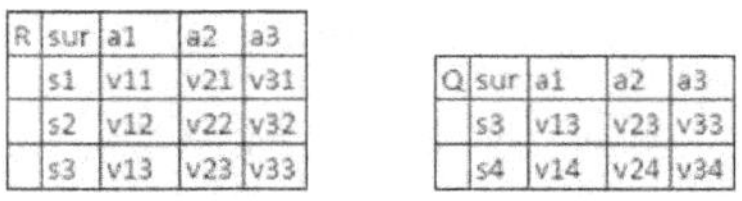

Figure 9. Konzeptuelle Darstellung von Attributen die in mehreren Relationen liegen. Der Eintrag s3 liegt sowohl in der Relation R als auch Q. Als praktisches Beispiel könnten die Relationen die Mitarbeiter von Unternehmen darstellen, die vor kurzem fussioniert sind. Der Mitarbeiter s3 würde sowohl für das Unternehmen R als auch Q arbeiten. [8]

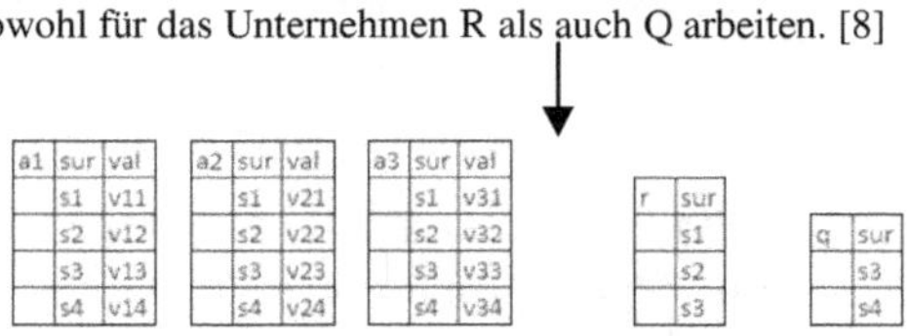

Figure 10. Darstellung im DSM von Attributen mit mehreren Relationen. Die Relationen r und q werden mittels Entitätsbeziehungen dargestellt. Die Relation r besteht aus Attributwerten der Einträge s1, s2 und s3. Die Relation q besteht aus Attributwerten der Einträge s3 und s4. [8]

4) Verknüpfung von Relationen

Eine Relation Ri mit den Attributen Ai1,...Aim und dem Surrogat Si hat im konzeptuellen Schema folgende Form: Ri(Si,Ai1,....Aim). Im DSM wird diese Relation als m binäre Relationen dargestellt: Ri1 (Si,Ai1),....Rim(Si,Aim). Angenommen es existiert eine zweite Relation Rj, die ein Attribut Ajn besitzt welches mit einem Attribut Ain der Relation Ri verknüpft werden kann. So existiert eine Relation Rij(Si,Sj), welche die Verknüpfung darstellt. Anders ausgedrückt, falls Attribut A von Ri und Attribut B von Rj verknüpft werden können, so existiert eine Relation Rij(Si,Sj) wobei Si das Surrogat von Ri und Sj das Surrogat von Rj ist, und A=B sind. Rij wird als join-Index von Ri und Rj bezeichnet. Durch die Verknüpfung der Surrogate kann somit jede beliebige Relation dargestellt werden. [9] Dies verleitet zu dem Schluss, dass sich eine spaltenorientierte Datenbank in einer traditionellen Datenbank nachbilden lässt, indem man die Tabellen in zweispaltige Relationen aufteilt. Untersuchungen haben jedoch gezeigt, dass dies auf Grund der dominierenden Metadaten nicht sinnvoll ist. [12]

5) Spaltenorientierte Abfrage-Ausführung

Reine Spaltenorientierung reicht nicht aus, um große Fortschritte bei der Abfragen-Bearbeitung zu erreichen. Stattdessen haben die existierenden Systeme neue Strategien entwickelt, um auf (komprimierten) Spalten zu operieren. Die Benutzerschnittstelle bleibt zwar weiterhin SQL, aber die dahinter liegende Ausführungsplanung und –optimierung ändert sich. Da bei analytischen Abfragen oft viele Datensätze benötigt werden, hat es sich als effektive Strategie etabliert, mehrere Spalten parallel zu scannen und somit immer die benötigten Attribute in einem Fenster im schnellen, flüchtigen Speicher zu haben. Operatoren werden nicht mehr als Iteratoren über einzelne Tupel realisiert, sondern als Iteratoren über ganze Blöcke von Werten. Untersuchungen haben gezeigt, dass die Kompression der Daten so lange wie möglich beibehalten werden sollte, da spaltenorientierte Datenbanken, die komprimierte Spalten lesen und sofort zu unkomprimierten Relationen zusammensetzen, sich ähnlich wie eine zeilenorientierte Datenbank verhalten. [12]

B. Optimierungsmöglichkeiten

Um Abfragen effizienter zu gestalten, werden häufig diverse Optimierungsstrategien angewendet. Als nächstes werden drei Varianten, die besonders bei spaltenorientierten Datenbanken zur Anwendung kommen, vorgestellt.

1) Kompression

Kompressionsalgorithmen arbeiten effizienter, wenn die Daten eine geringe Informationsentropie aufweisen, wie es in spaltenorientierten Datenbanken der Fall ist. Hier werden Daten vom selben Typ in dieselbe Spalte abgelegt. Dadurch erreicht man einen höheren Kompressionsgrad als in relationalen Modellen. [4]

2) Späte Materialisierung

Da die Attribute einer Instanz in einer spaltenorientierten Datenbank unabhängig voneinander gespeichert sind, müssen diese irgendwann in der Abfrageverarbeitung zusammengeführt werden. Diese join-ähnliche Materialisation (Tupelkonstruktion) ist eine weit verbreitete Operation in spaltenorientierten Datenbanken. Bei naiven Datenbanken werden die Spalten, die für die Abfrage relevant sind, herausgelesen und die zusammengehörenden Attribute zu Tupel zusammengesetzt. Auf diese Tupel werden normale Zeilenoperationen (z.B. select, aggregate, join) ausgeführt. Da diese Methode der Tupelrekonstruktion sehr früh in der Verarbeitung stattfindet, bleibt viel Performancepotential ungenützt. In neueren spaltenorientierten Datenbanken findet die Zusammenführung der Attribute erst später in der Verarbeitung statt (späte Materialisation). Beispielsweise wird in C-Store die späte Materialisation folgendermaßen umgesetzt: nehmen wir als Beispiel eine Abfrage, die ein Vergleichselement auf zwei Spalten anwendet und das Ergebnis zur Projektion in eine dritte Spalte schreibt. Wird die späte Materialisation verwendet, wird das Vergleichselement auf jede Spalte separat angewendet und eine Positionsliste erstellt. Die Positionsliste gibt die Positionen der Werte in der Spalte an, die durch das Vergleichselement ausgewählt wurden. Aus den beiden Positionslisten wird der Durchschnitt gebildet und zu einer einzelnen Liste aggregiert. Diese wird an die Projektionsspalte übergeben, die dann die Werte anhand der übergebenen Liste ausliest und erst dann die Attribute zusammensetzt. [4]

Durch diese Methode ergeben sich einige Vorteile:

- Auswahl- und Aggregationsoperatoren neigen dazu, die Konstruktion einiger Tupel überflüssig zu machen.

- Wenn Daten mittels einer spaltenorientierten Kompressionsmethode komprimiert wurden, müssen diese dekomprimiert werden bevor sie zu Tupel zusammengesetzt werden können. Je später dies erfolgt, desto länger kann man den Vorteil der sich aus der Verarbeitung komprimierter Daten ergibt, nutzen.

- Die Performanz des Zwischenspeichers verbessert sich wenn er direkt auf Spaltendaten arbeitet, da irrelevante Attribute erst gar nicht geladen werden. [4]

3) Blockiteration

Um in einer relationalen Datenbank Abfragen zu verarbeiten, wird als erstes über alle Tupel iteriert und nachfolgend werden die notwendigen Attribute extrahiert. Dies ist eine sehr aufwändige Operation. Studien haben gezeigt, dass der Aufwand minimiert werden kann, wenn die Tupel in Blöcke zusammengefasst werden und mit einem einzigen Operatorenaufruf verarbeitet werden. Diese Methode wurde schon von einigen relationalen Datenbanken implementiert (z.B. IBM DB2). Hingegen werden in spaltenorientierten Datenbanken, die Attribute einer Spalte zu Blöcken zusammengefasst und mit einem einzigen Aufruf dem Operator übergeben. Diese können direkt weiterverarbeitet werden, da sie nicht mehr extrahiert werden müssen. [4]

An dieser Stelle werden die Vor- bzw. Nachteile von spaltenorientierten Datenbanken aufgelistet.

Vorteile

- Verbesserte Auslastung der Bandbreite: In spaltenorientierten Datenbanken müssen nur jene Attribute vom Speicher gelesen werden, die von der Abfrage direkt benötigt werden. Bei zeilenorientierten Datenbanken müssen die umgebenden Attribute ebenfalls gelesen werden.

- Verbesserte Datenkompression: Werden Daten vom selben Attribut-Typ in derselben Domäne gespeichert, erhöht dies die Kompressionsrate. Dies wirkt sich wiederum auf die Nutzung der Bandbreite aus, da der Transfer von komprimierten Daten effizienter ist.

- Verbessertes Code Piplining: Über Attributdaten kann direkt iteriert werden, ohne vorher ein Tupel Interface zu durchlaufen. Das Tupel Interface wird von zeilenorientierten Datenbanken benötigt, um die notwendigen Attribute aus den Tupeln zu extrahieren. [5]

Nachteile

- Erhöhte Festplattenzugriffszeit: Da mehrere Spalten parallel verarbeitet werden, ist es notwendig, dass zwischen jedem Block der eingelesen wird, ein Festplattenzugriff erfolgt.

- Erhöhte Kosten für Einfügeoperationen: Spaltenorientierte Datenbanken arbeiten sehr schlecht beim Einfügen von ganzen Tupeln. Da die Spalten in unterschiedlichen Bereichen liegen, muss für jedes Attribut des Tupels auf den jeweiligen Festplattenbereich zugegriffen werden.

- Erhöhte Kosten bei Tupelrekonstruktionen: An einem Punkt in der Abfrage müssen die einzelnen Attribute zu einem Tupel zusammengesetzt werden. Die Kosten dieser Operation können beachtlich sein. Doch können sie in vielen Fällen gering gehalten werden, wenn die Rekonstruktion erst am Ende der Abfrageverarbeitung stattfindet. [5]

Aus den Vorteilen lässt sich ableiten, dass sehr breite Tabellen mit einer Vielzahl von Spalten kein großes Problem für spaltenorientierte Datenbanken darstellen. Wenn eine Abfrage nur eine festgelegte Anzahl von Attributen einer Tabelle ausliest, macht es keinen Unterschied ob diese Tabelle 5 oder 5 Mio. Spalten hat, da nur jene Spalten angesprochen werden müssen, die von der Abfrage benötigt werden. [5]

Es lässt sich noch eine zweite Eigenschaft ableiten. Spalten mit geringer Datendichte stellen für spaltenorientierte Datenbanken ebenfalls kein Problem dar. Da diese Datenbanken einen spezifischen Kompressionsalgorithmus auf einzelne Spalten bzw. bestimmte Attribute anwenden können. NULL Werte können als eine Kategorie von Attributwerten betrachtet werden. Je nach Spalteneigenschaft und Datendichte können mehrere Techniken angewendet werden (z.B. Lauflängenkodierung), um dafür zu sorgen, dass sich die geringe Datendichte nicht stark negativ auf die Performance auswirkt. In zeilenorientierten Datenbanken gibt es mehrere Optionen um NULL Werte zu erkennen. Diese verringern jedoch entweder die Performance oder sie erhöhen den Speicherplatzbedarf. In diesem Kapitel haben wir gesehen wo die grundlegenden Unterschiede der zwischen relationalen und spaltenorientierten Modellen liegen, und welche Vorteile bzw. Nachteile man in Kauf nehmen muss, wenn man sich für einen spaltenorientierten Aufbau entscheidet. Im nächsten Kapitel wird auf eine reale Anwendung von Wide Column Stores eingegangen, die oft als Paradebeispiel für diese Kategorie von NoSQL Systemen angesehen wird. [5]

IV. WIDE COLUMN STORES: GOOGLE'S BIGTABLE

Bigtable ist ein Column Family System für strukturierte Daten. Seine Entwicklung startete 2004 und mittlerweile wird es für mehr als 60 Google Produkte und Projekte verwendet, wie z.B. Google Analytics, Google Earth und Google Finance. Im Grunde ist Bigtable ein hoch verfügbares verteiltes Speichersystem. Bei der Entwicklung mussten viele Anforderungen in Bezug auf Anwendbarkeit, Skalierbarkeit, hohe Performance und Verfügbarkeit berücksichtigt werden. Das System ist im Besonderen darauf ausgerichtet eine große Datenmenge (Tera- bzw. Petabyte Bereich) über tausende von Servern zu skalieren. Dabei wurde darauf geachtet ein einfaches Datenmodell zur Verfügung zu stellen, welches als partiell spaltenorientiert betrachtet werden kann. Bigtable behandelt Daten als uninterpretierte Strings, da Anwender oft unterschiedliche Strukturformen anwenden. So haben Clients eine dynamische Kontrolle über das Datenlayout und –format. [2]

A. Datenmodell

Als ein Bigtable Cluster wird eine Reihe von Prozessen bezeichnet. Jeder Cluster verwaltet mehrere Tabellen. Eine Tabelle ist eine verteilte, multidimensionale, sortierte Datensammlung die eine geringe Datendichte aufweist. Sie besteht aus mehreren Blöcken (Tablets). Die Tablets beinhalten alle Daten eines bestimmten Zeilenbereiches. Die Daten sind in drei Dimensionen organisiert: Zeilen, Spalten und Zeitstempel.

(row:string, column:string, time:int64)→string

Eine Einheit die mit einem Zeilenschlüssel, Spaltenschlüssel und einem Zeitstempel referenziert wird, wird als Zelle bezeichnet. [2]

1) Zeilen

Die Daten in Bigtable werden in lexikographischer Reihenfolge anhand der Zeilenschlüssel angeordnet. Jede Zeile kann eine beliebige Anzahl von Spalten aufweisen. Jede Lese- bzw. Schreiboperation unter einem einzigen Zeilenschlüssel ist serialisierbar (egal welche oder wie viele Spalten angesprochen werden). Sie bilden also die Einheit der transaktionalen Konsistenz in Bigtable. Zeilen mit aufeinanderfolgenden Schlüsselwerten werden in Tablets gruppiert. Diese werden auf die Knoten verteilt und dienen somit dem Lastausgleich des Systems. Außerdem werden Leseoperationen, die nur kleine Zeilenbereiche betreffen effizienter ausgeführt, da der Client nur mit einer geringen Anzahl von Knoten kommunizieren muss. [2]

2) Spalten

Spaltenschlüssel dienen der Zugriffssteuerung in Bigtable und werden in Spaltenfamilien gruppiert. Alle Daten einer Spaltenfamilie sind in der Regel vom selben Wertetyp, da die Kompression anhand dieser Gruppierung erfolgt. Eine Spaltenfamilie muss explizit erzeugt werden, bevor man ihr Daten zuordnen kann. Nach der Erzeugung können beliebig viele Spalten hinzugefügt werden. Ein Spaltenschlüssel hat die Form: family:qualifier. Eine Spalte wird durch die Angabe der Spaltenfamilie und des Spaltennamens angesprochen. [2]

3) Zeitstempel

Unterschiedliche Zellen können unterschiedliche Versionen derselben Daten beinhalten. Die Versionen werden anhand des Zeitstempels in absteigender Reihenfolge geordnet, so dass die aktuellste Version zuerst gelesen werden kann. Um ältere Versionen wieder aus dem System zu löschen, stellt Bigtable automatische Mechanismen zur Verfügung, die dafür sorgen, dass immer nur eine bestimmte Anzahl von Versionen gehalten werden (z.B. die letzten n Versionen).[2]

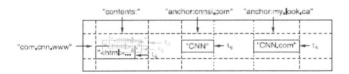

Figure 11. Die Abbildung zeigt einen Ausschnitt einer Tabelle die Webseiten speichert. Der Zeilenname ist eine URL in verkehrter Reihenfolge. Dadurch werden Webseiten die zur selben Domäne gehören, nacheinander abgespeichert. Die „contents" Spaltenfamilie enthält die Inhalte der Webseite. Die „anchor" Spaltenfamilie beinhaltet den Text einer jeden Referenz, die auf die Webseite verweist. Die Homepage CNN wird also von den Sports Illustrated und der My-Look Homepage referenziert. Diese Bereiche der Zeile können über den Ausdruck anchor:cnnsi bzw. anchor:my.look.ca angesprochen werden. Jede „anchor" Zelle beinhaltet eine Version, die „contents" Spalte hat drei Versionen, die nach dem Zeitstempel angeordnet sind. [2]

B. Programmierschnittstellen

Bigtable stellt Funktionen zur Verfügung um Tabellen oder Spaltenfamilien zu löschen oder zu erstellen. Zusätzlich können Metadaten (z.B. Zugriffsrechte) von Spaltenfamilien, Clustern oder Tabellen verändert werden. Client Anwendungen können Werte in Bigtable manipulieren, löschen oder aus einzelnen Zeilen auslesen. Dabei werden read-modify-write Operationen auf Daten ausgeführt. Bigtable stellt weitere Funktionen für durchaus komplexere Aufgaben zur Verfügung. Es unterstützt die Ausführung von Client Skripts, die in der Programmiersprache Sawzall geschrieben sind. Mit diesen Skripts können diverse Transaktionen, jedoch keine Schreiboperationen, ausgeführt werden. Des Weiteren wird Bigtable zusammen mit dem Map/Reduce Framework angewendet. Mit diesem Verfahren kann man parallele Berechnungen über sehr große Datensätze durchführen. Bigtable wird sowohl als Input- als auch als Outputquelle für Map/Reduce Funktionen benutzt.[2]

C. Physische Speicherung

Bigtable baut auf anderen Komponenten der Google Infrastruktur auf. Ein Bigtable Cluster teilt sich einen Pool von Knoten mit anderen Applikationen. Das Google Cluster-Management-System sorgt für die Vergabe der Aufträge und Verteilung der Ressourcen auf die Knoten. Außerdem überwacht es deren Status und behandelt Ausfälle.[2]

1) Google File System

Für die persistente Speicherung der Daten wird das GFS genutzt. Ein GFS Cluster besteht aus einem Master- und mehreren Chunkservern. Die Dateien werden in Chunks aufgeteilt und auf die Festplatten geschrieben. Für eine höhere Verfügbarkeit der Daten, werden die Chunks auf mehreren Chunkservern repliziert. Der Master enthält Metadaten über die Chunks, Dateien und Chunkserver (beispielsweise wie die Dateien auf die Chunks abgebildet sind und in welchem Chunkserver die Chunks und ihre Replikationen gespeichert sind).Werden Lese- oder Schreiboperationen verarbeitet, so kommt die Anfrage zuerst zum Master. Dieser gibt als Antwort den Standort der Daten – also auf welchem Chunkserver die Daten liegen – zurück. Der Datenaustausch findet anschließend zwischen dem Client des GFS und dem Chunkserver statt. [2][7]

2) Sorted String Table

Das SSTable ist das intern verwendete Dateiformat von Google. Es bildet die Zuordnung von Schlüsseln auf Werte als in unveränderlicher sortierter Form als Byte-Strings ab. Ein SSTable besteht aus einem Blockindex und mehreren Blöcken. Der Blockindex dient zum effizienten Auffinden der Blöcke, und wird beim Öffnen des SSTable in den Speicher geladen. Dadurch wird nur ein Festplattenzugriff benötigt um den gesuchten Block ausfindig zu machen. In weiterer Folge wird mit Hilfe des Schlüssels der gesuchte Wert durch Blockiteration gefunden. Optional, kann eine SSTable direkt in den Speicher geladen werden. Dadurch werden Such- und Scanvorgänge ohne einen Plattenzugriff ermöglicht. [2]

3) Chubby Lock Service

Der Chubby Lock Service stellt ein hoch verfügbares verteiltes System dar. Anfangs wurde es dafür entwickelt, Zugriffe auf geteilte Ressourcen zu synchronisieren. Es übernimmt also in

Verbindung mit den Zeitstempeln, die Aufgabe des in Kapitel 2 beschriebenen MVCC. Bigtable nutzt den Chubby mittlerweile für eine Vielzahl von Aufgaben:

- Um sicherzustellen, dass immer nur ein Masterserver aktiv ist

- Es bildet die Basis um die Standorte der Daten ausfindig zu machen

- Es speichert die Bigtable Schemata, und wird dazu benutzt Tablet Server zu entdecken und aus dem System zu entfernen. [2]

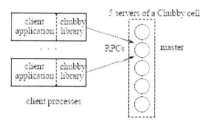

Figure 12. System Struktur einer Chubby Zelle [3]

Ein Chubby besteht aus fünf Replikationen um die Ausfallwahrscheinlichkeit des Systems zu minimieren. Einer der Replikationen wird mithilfe eines Consensus Protokolls (Paxos) zum Master gewählt. [3] Dieses Protokoll wird ebenfalls genutzt um die Replikationen konsistent zu halten. Der Master kümmert sich um alle Anfragen. Chubby stellt einen Namensraum zur Verfügung, der aus Verzeichnissen und kleinen Dateien besteht. Jedes Verzeichnis oder jede Datei kann von Clients als Sperre auf einen Datensatz benutzt werden. Wenn eine Client-Session beendet wurde, verliert der Client die Sperre auf die Datei. Wenn ein Master ausfällt, wird durch das Consensus Protokoll ein neuer Master unter den verbleibenden Replikationen gewählt. Für diesen Wahlvorgang muss eine Mehrheit der Replikationen aktiv sein und miteinander kommunizieren können. Wenn der Chubby in einem Cluster nicht mehr einsetzbar ist, fällt der Bigtable Cluster aus. [2]

D. Implementierung

Bigtable besteht aus drei Hauptkomponenten: einer Bibliothek, die mit dem Client verlinkt ist, einem Master Server und mehreren Tablet Servern. Die Tablet Server können je nach Auslastung beliebig zum Cluster hinzugefügt oder entfernt werden. Der Master ist dafür zuständig, dass die Tablets zu den Tablet Servern zugeordnet werden. Jeder Tablet Server verwaltet eine Reihe von Tablets. Sie behandeln Lese- bzw. Schreibzugriffe und spalten Tablets auf, wenn sie eine bestimmte Größe überschritten haben. Der persistente Zustand der Tablets wird im GFS als SSTable gespeichert. [2]

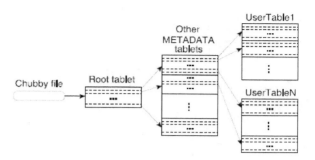

Figure 13. Standort Hierarchie der Tablets [2]

1) Standort von Tablets

Um die Standorte der Tablets zu speichern, nutzt Bigtable eine dreistufige Hierarchie (analog zu einem B+ Baum). Die oberste Stufe bildet ein Chubby File, das den Standort der Wurzeltabelle beinhaltet. Die Wurzeltabelle enthält wiederum die Standorte aller Tablets einer bestimmten Metadaten Tabelle. Jede Metadaten-Tabelle beinhaltet Informationen über die Standorte einer Reihe von User Tabellen. Die Wurzeltabelle wird nie aufgespalten, denn so wird gewährleistet, dass die Hierarchie nie größer als 3 Level ist. Die Metadaten Tabelle speichert den Standort eines jeden Tablets unter einem Zeilenschlüssel, bestehend aus Tablet ID und der letzten Zeile des Tablets. Die Client Bibliothek traversiert die Hierarchie um die Tablets zu lokalisieren, und speichert die Standorte der benötigten Tablets in den Zwischenspeicher. [2]

2) Tablet Zuordnung

Wenn das Cluster Management System einen Master startet, muss er die Tablet Zuordnungen erfassen, bevor er diese verändern kann. Dazu führt der Master folgende Schritte aus:

- Der Master erhält einen Master-Lock im Chubby um sicherzustellen, dass keine konkurrierenden Master Server erstellt werden.

- Er scannt das Chubby File um alle aktiven Server zu identifizieren.

- Er kommuniziert mit jedem aktiven Server um herauszufinden, welche Tablets zu welchem Server bereits zugeteilt sind und um die Talbet Server dem Master zuzuordnen, damit diese nur die von ihm weitergeleiteten Abfragen entgegennehmen.

- Als letzten Schritt scannt der Master die Metadaten Tabelle, um nicht zugeordnete Tablets zu identifizieren. Dies ist ein notwendiger Schritt um diese Tablets in späterer Folge einem Tablet Server zuordnen zu können.

Jedes Tablet ist zu einem bestimmten Zeitpunkt höchstens einem Tablet Server zugeordnet. Der Master beobachtet den Status der aktiven Tablet Server. Um den Status eines Tablet

Servers im Auge zu behalten (z.B. welche Tablet ihm zugeordnet sind), nutzt der Master den Chubby. Wenn ein Tablet Server gestartet wird, wird eine Sperre auf ein File im Verzeichnis des Chubby gelegt. Der Master beobachtet dieses Verzeichnis um so Informationen über die Tablet Server zu erhalten. Wenn ein Tablet nicht zugeordnet ist, und ein Tablet Server noch genügend Ressourcen zur Verfügung hat, schickt der Master dem Tablet Server eine Ladeanfrage. Diese Anfrage scheitert nur, wenn ein neuer Master initialisiert wurde bevor die Anfrage angekommen ist. Ein Tablet Server beendet die Verwaltung seiner Tablets, wenn er die exklusive Sperre auf das Chubby File verliert. Falls das File gelöscht wurde, kann der Tablet Server nie mehr seine Tablets verwalten. In Folge beendet er seinen Dienst und löscht sich automatisch. Um zu erkennen ob ein Server seine Tablets noch verwaltet, sendet der Master in periodischen Abständen eine Statusabfrage. Wenn er keine Antwort erhält oder der Server keine Sperre mehr hat, versucht der Master eine exklusive Sperre auf das zum Tablet Server zugehörige File zu bekommen. Erhält er sie, bedeutet dies, dass der Chubby aktiv ist und dass der Server keine Verbindung zum Chubby aufbauen kann oder seinen Dienst beendet hat. Solange das File und der Tablet Server noch existieren, versucht er eine Sperre auf das File zu erlangen. Um sicherzustellen, dass der Tablet Server keine Sperre mehr erhält, und endgültig aufhört seine Tablets zu verwalten, löscht der Master das File. Wenn der Löschvorgang beendet wurde, fügt der Master die Tablets, die nun nicht mehr verwaltet werden, zu den nicht zugeordneten Tablets hinzu, um sie später wieder zuweisen zu können.[2]

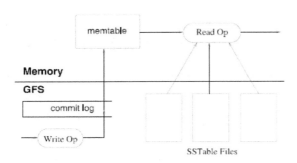

Figure 14. Tablet Darstellung [2]

3) Zugriff auf Tablets

Der persistente Status eines Tablets wird im GFS gespeichert. Aktualisierungsoperationen werden in einen Commit-Log eingetragen, der alle Redo-Operationen speichert. Die aktuellsten Änderungen werden in einen sortierten Puffer geschrieben, den Memtable. Um ein Tablet wieder herzustellen, liest der Tablet Server die Metadaten Tabelle. Die Metadaten Tabelle beinhaltet eine Liste von SSTables die zusammengeführt ein Tablet ergeben und eine Reihe von Redo-Operationen, die in die Commit-Logs zeigen. Der Server liest die Indizes der SSTables in den Speicher und rekonstruiert den Memtable indem er alle Redo-Operationen ausführt. Wenn eine Schreiboperation den Tablet Server erreicht, überprüft er sie auf syntaktische Richtigkeit und ob der Sender autorisiert

ist, um eine Veränderung der Daten durchzuführen. Eine gültige Schreiboperation wird in den Commit-Log geschrieben. Nachdem eine Schreiboperation übergeben wurde, werden die Inhalte in den Memtable eingefügt. Leseoperationen werden wiederum zuerst auf syntaktische Richtigkeit geprüft. Danach wird die Operation auf eine zusammengeführte Ansicht der SSTables und des Memtables ausgeführt. Schreib- und Leseoperationen können auch ausgeführt werden, wenn Tablets aufgespalten, verschmolzen oder verdichtet werden. [2]

4) Verdichtung

Wenn Schreiboperationen ausgeführt werden, steigt die Größe der Memtable an. Hat diese eine bestimmte Größe erreicht, wird sie eingefroren, und eine neue Memtable erstellt. Die eingefrorene Memtable wird in eine SSTable konvertiert und ins GFS geschrieben. Google unterscheidet drei Verdichtungsarten:

Minor compaction: Diese Verdichtung hat zwei Ziele. Erstens verringert sie die Speicherauslastung des Tablet Servers. Zweitens reduziert sie die Datenmenge die vom Commit-Log gelesen werden müssen. Jede minor compaction erzeugt eine neue SSTable. Wenn diese Operation unbeachtet bleibt, müsste mit der Zeit eine sehr große Anzahl von SSTables gelesen werden. Um dies zu verhindern, wird eine merging compaction ausgeführt. [2]

Merging compaction: Eine merging compaction liest die Inhalte einiger SSTables und des Memtables, und komprimiert diese zu einer neuen SSTable.[2]

Major compaction: Eine merging-compaction, die alle SSTables und die Memtable komprimiert und in eine SSTable schreibt, wird major compaction genannt. SSTables die nicht von einer major compaction erstellt wurden, können Löscheinträge über eigentlich schon gelöschte Daten beinhalten. Bigtable führt in bestimmten Abständen, auf allen Tablets eine major compaction durch, um so Ressourcen, die von eigentlich gelöschten Daten belegt werden, wieder zurückzuerhalten. [2]

5) Schema Management

Die Schemata von Bigtable werden vom Chubby gespeichert. Dieser stellt die geeigneten Möglichkeiten zur Verfügung. Er ermöglicht atomares Schreiben von ganzen Dateien und eine konsistente Speicherung. Wenn ein Client beispielsweise einige Spaltenfamilien aus einer Tabelle löschen will, überprüft der Master zuerst, ob er die Berechtigung hat Veränderungen durchzuführen. Danach wird das veränderte Schema auf seine Richtigkeit getestet und installiert. Dazu wird das zugehörige alte Schema in der Chubby Datei überschrieben. Immer wenn ein Tablet Server ermitteln muss, welche Spaltenfamilien in einer Tabelle vorhanden sind, liest er dazu einfach die Chubby Datei. Da diese Datei immer konsistent gehalten wird, kann garantiert werden das der Tablet Server alle Veränderungen der Datei erkennt. [2]

E. Reale Anwendungen

In diesem Kapitel werden 3 Google Produkte vorgestellt, die Bigtable nutzen um ihre Daten zu speichern.

1) Google Analytics

Dies ist ein Dienst der es Webmastern ermöglicht Informationen über die Zugriffe auf eine Webseite zu erhalten. Analytics stellt Statistiken zur Verfügung (beispielsweise Besucher pro Tag oder Page-View pro URL). Um den Service zu nutzen, muss der Webmaster ein kleines Java Script in die Webseite integrieren. Dieses Script wird aktiviert, wenn die Seite aufgerufen wird. Es speichert Informationen über die Anfrage (z.B. User ID und welche Seite abgerufen wird). Google Analytics summiert diese Daten und stellt sie dem Webmaster zur Verfügung. Dazu werden 2 Tabellen benötigt. Die erste enthält Informationen über die User-Session. Jede Zeile enthält eine Session. Die zweite Tabelle enthält vordefinierte Summenberechnungen für die Webseite und wird durch mehrere Map/Reduce Programme aus der ersten Tabelle generiert. [2]

2) Google Earth

Dieser Dienst stellt hoch auflösende Satellitenbilder zur Verfügung. Die Benutzer haben durch eine Client-Software Zugang zu Google Earth. Eine Tabelle wird dazu benutzt, um Daten zu verarbeiten. Jede Zeile der Tabelle beinhaltet ein Bild eines geographischen Segments. Da jedes Segment nur durch wenige Bilder aufgebaut wird, ist die Datendichte der Spalten sehr gering. Für die Client-Abfragen werden mehrere Tabellen verwendet. Um die Tabellen zu erstellen, werden mehrere Map/Reduce Programme verwendet, um die Daten zu verarbeiten.[2]

3) Personalisierte Suche

Personalisierte Suche ist ein Opt-in Service, der Suchanfragen, die über Google ausgeführt werden, speichert. Die Benutzer können ihre Such-Historie durchforsten um ältere Abfragen zu besuchen, und ihre personalisierten Such-Ergebnisse, die auf historischen Abfragen beruhen, abrufen. Dieser Dienst speichert die Daten jedes Benutzers in Bigtable. Jeder User hat eine eindeutige User ID und ist einer Zeile, die nach der ID benannt ist, zugeordnet. Alle Benutzer Aktionen werden in einer Tabelle gespeichert. Eine separate Spaltenfamilie wird für jede Art von Aktion bereitgestellt (z.B. eine Spaltenfamilie, die alle Webabfragen speichert). Jedes Datenelement nutzt als Zeitstempel die Zeit, zu der der User die Aktion ausgeführt hat. Die User Profile werden mit dem Map/Reduce Verfahren generiert. Die Daten werden über mehrere Bigtable Cluster verteilt um die Verfügbarkeit zu erhöhen und die Latenzzeit zu verringern. [2]

F. Performance Evaluation

Für die Performance Evaluation von Bigtable wurde ein Cluster mit N Tablet Servern gestartet. Die Tests sollten das Verhalten des Systems messen, wenn die Anzahl der eingebundenen Tablet Server variiert. Sie wurden so konfiguriert, dass sie einen Speicher von 1 GB benutzen und in eine GFS Zelle von 1786 Rechnern schreiben. N Clients generierten die Arbeitspakte für Bigtable. Die Round-Trip-Time zwischen zwei Rechnern betrug etwas weniger als eine Millisekunde. Im Test wurden R Zeilenschlüssel verwendet. R wurde so gewählt, dass jeder Benchmark Test ungefähr 1 GB an Daten in jeden Tablet Server schreibt bzw. liest. [2]

1) Benchmarks

- Sequentielles Schreiben/Lesen: Für diese Tests wurden die Zeilenschlüssel in 10N große Bereiche unterteilt und N Clients zugeteilt. Die Clients schrieben unter jedem Zeilenschlüssel einen String. Dieser war zufallsgeneriert und konnte somit nicht komprimiert werden. Der Lesebenchmark wurde analog zum Schreibbenchmark ausgeführt, mit dem Unterschied, dass die Strings nicht geschrieben sondern ausgelesen wurden.[2]

- Zufälliges Schreiben/Lesen: Die zufallsgenerierten Schreib- und Leseoperationen wurden ähnlich den sequenziellen Operationen durchgeführt. Doch bevor die Strings in die Zeilen geschrieben wurden, wurde eine Moduloperation auf die Zeilenschlüssel ausgeführt, so dass die Strings sich über den ganzen Zeilenbereich gleichmäßig verteilten. Diese wurden dann im Lesebenchmark wieder ausgelesen.[2]

- Scans: Dieser Test ist ähnlich dem sequentiellen Lesebenchmark, aber es wurde die Bigtable API benutzt um über alle Werte eines Zeilenbereichs zu scannen. [2]

- Zufälliges Lesen (mem): Dieser Benchmark Test ist ähnlich dem oben beschriebenen, aber die Daten wurden in den Speicher gelegt. Um die Daten auszulesen, muss hierfür der Speicher des Tablet Servers benutzt werden, anstatt die Daten aus dem GFS auszulesen. [2]

Experiment	# of Tablet Servers			
	1	50	250	500
random reads	1212	593	479	241
random reads (mem)	10811	8511	8000	6250
random writes	8850	3745	3425	2000
sequential reads	4425	2463	2625	2469
sequential writes	8547	3623	2451	1905
scans	15385	10526	9524	7843

Figure 15. Anzahl der 1000-byte Werte die pro Sekunde je Tablet Server gelesen/geschrieben werden. [2]

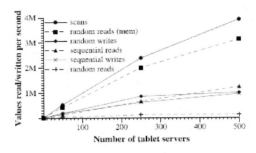

Figure 16. Anzahl der 1000-byte Werte die pro Sekunde gelesen/geschrieben wurden. Die Linien spiegeln die aggregierte Werte aller Tablet Server wider. [2]

Die obere Tabelle und der Graph stellen zwei verschiedene Sichten auf die Performance beim Benchmark Test dar. Die Tabelle zeigt die Anzahl der Operationen pro Sekunde eines Tablet Severs, der Graph zeigt die aggregierte Anzahl von Operationen pro Sekunde.

2) Ergebnisse

Tablet Server Performance: Zufällige Lesevorgänge wurden langsamer verarbeitet als alle anderen Operationen. Bei dieser Operation muss ein 64 KB SSTable Block über das Netzwerk vom GFS Cluster zum Tablet Server gesendet werden, obwohl nur ein 1000-byte Wert benötigt wird. Zufällige Lesevorgänge aus dem Speicher werden besser verarbeitet, da die benötigten Werte im Speicher des Tablet Servers liegen. Scanvorgänge werden noch besser verarbeitet. Beim Funktionsaufruf des Clients über die API, liefert der Tablet Server eine große Anzahl an Werten zurück. Dadurch kann der Aufwand der entsteht, auf alle Werte verteilt werden. Generell werden Schreibvorgänge besser verarbeitet als Lesevorgänge, da diese in einen Commit-Log geschrieben werden und mittels Group-Commit in das GFS geschrieben werden. Lesevorgänge benötigen zumindest einen Plattenzugriff.[2]

Skalierung: Der Durchsatz erhöht sich um mehr als den Faktor 100, wenn die Anzahl der Tablet Server von 1 auf 500 steigt. Jedoch zeigt sich, dass der Performanceanstieg nicht linear verläuft. Bei der Erhöhung von 1 auf 50 Server zeigt sich ein Einbruch im Durchsatz pro Server. Dieser Abfall kann dadurch erklärt werden, dass die Datenlast nicht gleichmäßig verteilt wurde, verursacht durch konkurrierende Prozesse der CPU und des Netzwerks. Der Algorithmus der dafür sorgt, dass die Last gleichmäßig verteilt wird, kann seine Aufgaben nicht vollständig erfüllen, denn die Umverteilung der Last wird gedrosselt. Die Drosselung ist notwendig, da die Verschiebung auf einen anderen Server, das Tablet für ca. 1 Sekunde unerreichbar macht. [2]

Viele andere Wide Column Stores wurden nach dem Muster von Bigtable nachgebaut. Aber keiner kommt zurzeit auch nur annähernd an die Skalierungsleistung von Bigtable heran. [15]

G. Verwendete Techniken und Algorithmen

1) Kompression

Clients können darüber entscheiden, ob die SSTables komprimiert werden, und welches Kompressionsformat genutzt wird. Die Blöcke des SSTables werden separat komprimiert. Dadurch ist es möglich, eine Leseoperation auszuführen ohne das gesamte File zu dekomprimieren. [2]

2) Map/Reduce

Dieses Verfahren hat seinen Ursprung in den funktionalen Programmiersprachen. Es ist ein verteiltes Berechnungsmodell und wird dazu verwendet parallele Berechnungen auf sehr großen Datenbeständen durchzuführen. Es besteht aus zwei Phasen, einer Map und einer Reduce Phase. Die Funktionen können je nach Aufgabenstellung spezifiziert und programmiert werden. [1]

*Programmiermodell:*Die Berechnung operiert auf einer Reihe von Schlüssel/Werte Paaren und liefert als Output ebenfalls Schlüssel/Werte Paare. Die Map Funktion, welche vom Client geschrieben wurde, nimmt den Input und produziert nach der Berechnung Zwischenergebnisse. Die Map/Reduce Bibliothek gruppiert dieses Zwischenergebnisse nach den Schlüsseln und übergibt sie der Reduce Funktion. Diese führt die Einzelergebnisse anhand der Schlüssel zusammen. Nachfolgende Grafik soll die Google Implementierung des Map/Reduce Verfahrens darstellen. [6]

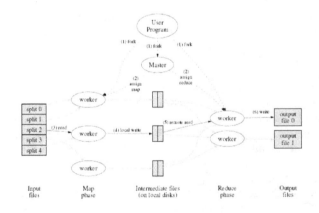

Figure 17. Ausführungsübersicht des Map/Reduce Verfahrens [6]

1. Die Map/Reduce Bibliothek, die in der User Anwendung liegt, spaltet den Input in m gleich große Segmente auf. Die Kopien des Programms werden dann auf mehreren Rechnern des Clusters gestartet.

2. Eine Kopie des Programms, der Master, weist den restlichen Kopien, den Workern, die Arbeit zu. Es gibt m Map Phasen und r Reduce Phasen. Der Master weist den Workern entweder eine Map oder eine Reduce Phase zu.

3. Ein Worker der einer Map Phase zugeteilt wurde, liest den Inhalt des aufgespaltenen Inputs. Er entnimmt dem Input die Schlüssel/Werte Paare und übergibt sie der benutzerdefinierten Map Funktion. Die Ergebnisse der Map Funktion werden in den Speicher geladen.

4. Periodisch werden den gespeicherten Schlüssel/Werte Paare auf Festplatten geschrieben, und in r Bereiche aufgeteilt. Die Standorte der Paare werden dem Master übergeben, der dafür zuständig ist, diese an die Reduce Worker weiterzuleiten.

5. Wenn ein Worker vom Master zu einer Reduce Phase zugeordnet wurde, liest er die Paare von der Festplatte des Map Workers. Wenn alle Werte ausgelesen wurden, werden diese nach Schlüsseln sortiert und gleiche Schlüsselwerte werden gruppiert.

6. Der Reduce Worker iteriert über die sortierten Zwischenergebnisse, und übergibt für jeden Schlüssel die dazugehörigen Werte der benutzerdefinierten Reduce Funktion. Der Output der Reduce Funktion wird in eine finale Output Datei geschrieben. Wenn alle Map/Reduce Operationen ausgeführt wurden, benachrichtigt der Master die User Applikation und übergibt die Output Dateien. [6]

Der große Vorteil dieses Verfahrens liegt darin, dass es weder zu Deadlocks noch zu einer Wettlaufsituation der einzelnen Prozesse kommt, da die Prozesse nicht auf den originalen Datensätzen, sondern auf Kopien operieren. [1]

3) Paxos Protokoll
Um die Datenintegrität bei Teilausfällen von replizierten Daten in einem Cluster zu gewährleisten, werden Quorum-Consensus Algorithmen eingesetzt. Unter Paxos wird eine Familie von Protokollen verstanden, die Konsens Probleme behandeln. Bei einem Konsens Problem geht es darum, dass in einer Gruppe von teilnehmenden Prozessen in einem verteilten System, eine Einigung auf einen einzigen Wert zustande kommt. Die Teilnehmer können in 4 Kategorien eingeteilt werden:

- Client: stellt eine Anfrage an das System

- Acceptor: die beschlussfähige Menge des Prozesses

- Proposer: unterstützen die Client Anfrage und wirken als Koordinator bei auftretenden Konflikten

- Leader: ist ein Proposer, der die führende Rolle im Prozess übernimmt

Um eine Einigung zu erreichen, müssen von $2F+1$ Acceptors mindestens $F+1$ ordnungsgemäß funktionieren. Paxos nutzt eine Reihe von Wahlgängen um eine Einigung zu erzielen. Wenn ein Client eine Anfrage über einen Wert v stellt, wird ein neuer Wahlgang initialisiert und mit einer Wahlgangsnummer einem Leader zugeteilt. Nachfolgenden Wahlgängen werden

größere Nummern zugewiesen. [1] Ein Wahlgang kann in folgende Phasen unterteilt werden:

- Prepare: Der Leader sendet die Wahlgangsnummer an eine beschlussfähige Menge von Acceptors.

- Promise: Wenn ein Acceptor eine Prepare Nachricht erhält, überprüft er, ob die Wahlgangsnummer die größte ist, die er bis jetzt empfangen hat. Wenn dies der Fall ist nimmt er keine anderen Wahlgänge mit niedrigeren Nummern mehr an. Danach sendet er dem Leader eine Promise Nachricht, mit der er zustimmt, keine weiteren Wahlgänge anzunehmen. Zusätzlich sendet der Acceptor seinen Vorschlag für den Wert v.

- Accept Request: Wenn der Leader eine Mehrheit an Antworten erhält, sendet er eine Accept Aufforderung an die Acceptors mit dem Wert v. Dieser Wert v ist in dieser Phase der Wert, der von den meisten Acceptors vorgeschlagen wurde.

- Accepted: Wenn ein Acceptor die Zusage zu einem Wert erhält, wird der Vorschlag von ihm akzeptiert, es sei denn er hat in der Zwischenzeit eine Anfrage beantwortet die eine höhere Wahlgangsnummer hatte. Wird der Vorschlag von allen Acceptors akzeptiert, erhält der Client den Wert v als Antwort auf die Abfrage. [16]

Da die Acceptors durch Zusage eines Vorschlages des Proposers, diesen als Leader akzeptieren, kann dieses Verfahren dazu benutzt werden, in einem Cluster von Servern einen Masterserver auszuwählen. [1]

4) Bloomfilter
Um den Status eines Tablets zu rekonstruieren, müssen alle SSTables die das Tablet repräsentieren, gelesen werden. Falls diese nicht im Speicher sind, werden dafür sehr viele Plattenzugriffe benötigt. Jede Spaltenfamilie kann vom Client einer spezifischen Locality Group zugeordnet werden. In dieser liegen jene Spalten, die in der Regel bei Abfragen zusammen angesprochen werden. Während der Verdichtung eines Tablets wird für jede Locality Group eine SSTable erstellt. Dadurch, dass manche Leseabfragen nur Daten von bestimmten Locality Groups benötigen, können diese effizienter verarbeitet werden. Festplattenzugriffe werden weiter reduziert, indem dem Client erlaubt wird, einen Bloomfilter zu spezifizieren. Die Bloomfilter werden für eine spezielle Locality Group erstellt. Diese erlauben es, eine SSTable zu fragen, ob sie Daten über ein bestimmtes Zeilen/Spalten Paar enthält. Diese Methode reduziert Plattenzugriffe enorm, und verhindert Suchanfragen an nicht existierende Zeilen/Spalten Paare. [2]

Funktionsweise: Der Bloomfilter ermöglicht eine effiziente Überprüfung ob ein Element b in einer Menge $A=\{a1,a2,...an\}$ mit n Elementen vorkommt. Dazu wird ein Vektor v, der m Bits hat, benutzt. Initial sind alle Bit Werte auf 0 gesetzt. Als nächsten Schritt werden k unabhängige Hashfunktionen definiert mit h1,h2,...,hk. Für jedes Element ai aus A werden die Bits an den Positionen h1(a), h2(a),...,hk(a) auf 1 gesetzt. Um zu überprüfen, ob das Element b in A vorkommt, werden die Hashfunktionen auf b angewendet. Falls bei einer Position hi(b) im Vektor v der Wert auf 0 gesetzt ist, bedeutet dies, dass b in A nicht vorkommt. Es kann jedoch vorkommen, dass alle Hashwerte von b im Vektor vorkommen, ohne das b in A liegt, da manche Elemente auf denselben Hashwerten abgebildet werden. Trifft dies zu, so ist b falsch-positiv. In Bigtable bedeutet dies, dass in diesem Fall ein Zugriff auf die SSTable der Locality Group notwendig ist, um schlussendlich festzustellen, dass b doch nicht in A vorkommt. Die Parameter k und m sollten daher so gewählt werden, dass die Wahrscheinlichkeit von falsch-positiven Werten möglichst gering gehalten wird. [2][11]

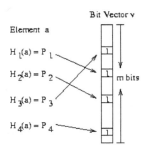

Figure 18. Darstellung eines Bloomfilters mit 4 Hashfunktionen [11]

H. Performancevergleich

Die Anzahl von verteilten Datenbanken wie Bigtable nimmt stetig zu. Da diese Systeme sehr heterogen gestaltet und auf unterschiedliche Anforderungen ausgerichtet sind, macht einen direkten Vergleich schwierig. Yahoo entwickelte ein Cloud Serving Benchmark Framework (YCSB), das den Performancevergleich erleichtern soll. Das Unternehmen führte eine Analyse der Systeme Cassandra, HBase, PNUTS und MySQL durch. Cassandra und HBase repräsentieren die Column Family Systeme, PNUTS und MySQL die relationalen Datenbanken. Cassandra wird für das Social-Web Portal Facebook verwendet. PNUTS wurde von Yahoo entwickelt, und HBase ist ein von Apache gestartetes Open Source Projekt. Da Google ihren Bigtable nicht für Studien- und andere Analysezwecke zur Verfügung stellt, kann HBase als Vergleich herangezogen werden. HBase ist ein Nachbau der Architektur von Bigtable und wendet zum größten Teil dieselben Verfahren an. Außerdem teilen sich diese Systeme die Ziele der dynamischen Skalierung und eine einfache Anwendungsentwicklung und –bereitstellung. [14] Für den Leistungsvergleich werden die Systeme von einem Client mit Arbeitspaketen versorgt. Die Arbeitspakete sind entweder schreib-, lese- oder scanintensiv.

1) Vergleichsebenen

Performance: spiegelt die Wechselwirkungen von Latenzzeit und Durchsatz wieder. Um die Performance zu messen, verarbeiten die Systeme die Arbeitspakete.

Skalierung: soll das Performanceverhalten der Systeme widerspiegeln, wenn Rechner hinzugefügt werden. Es werden zwei Arten unterschieden:

- *Scale up*: Wie sich die Datenbank verhält, wenn ein Rechner zum System hinzugefügt wird. Im optimalen Fall sollte die Performanz gleich bleiben.

- *Elastic speedup*: Wie sich die Datenbank verhält, wenn ein Rechner im laufenden Betrieb hinzugefügt wird. Im optimalen Fall sollte das System seine Performanz verbessern. Jedoch ist in der Regel mit einer kurzen Störungsperiode zu rechnen, während das System sich neu konfiguriert, wenn der Rechner integriert wird.[18]

2) Ergebnisse

Arbeitspaket A (schreibintensiv): Wie man der Grafik entnehmen kann, lieferte Cassandra das beste Ergebnis. Es wurde vor allem darauf ausgerichtet Schreiboperationen zu verarbeiten. Es lieferte den besten Durchsatz in Relation zu einer geringen Latenzzeit. HBase zeichnete sich durch eine geringe Latenzzeit aus, da die Aktualisierungen im Speicher gepuffert werden. [18]

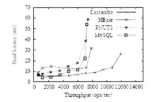 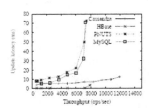

Figure 19. Arbeitspaket A – schreibintensiv: Leseoperationen (links), Schreiboperationen (rechts). [18]

Arbeitspaket B (leseintensiv): PNUTS und MySQL zeigen geringere Latenzzeiten bei leseintensiven Arbeitspakten als HBase und Cassandra. Bei HBase verschlechtert sich die Performance, desto höher die Anzahl der Dateien steigt. Werden diese Dateien verdichtet, verbessert sich die Performance wieder. Im Vergleich zu Bigtable hat HBase noch keinen Bloomfilter im System integriert. Dadurch kann es im schlechtesten Fall passieren, dass jede Datei nach einem gesuchten Datenfragment durchsucht werden muss. [18]

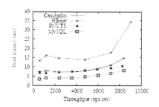
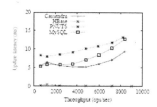

Figure 20. Arbeitspaket B – leseintensiv: Leseoperationen (links), Schreiboperationen (rechts). [18]

Arbeitspaket E (scanintensiv): HBase und PNUTS führen die Liste des maximalen Durchsatzes an. HBase mit 1519 ops/sec, PNUTS mit 1440 ops/sec. Überdies haben Analysen ergeben, dass die Performanz von HBase steigt, wenn die Anzahl der Einträge steigt. MySQL wurde für diesen Vergleich nicht herangezogen, da es als Hash Table implementiert wurde, und keine Scans die nur einen bestimmten Zeilenbereich betreffen, unterstützt.

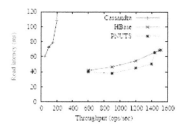

Figure 21. Arbeitspaket E – scanintensiv [18]

Skalierung

Im Laufe dieses Tests, wird die Anzahl der eingebundenen Rechner, nacheinander von 2 auf 12 erhöht. Für diese Gegenüberstellung wurden die Systeme Cassandra, HBase und PNUTS herangezogen.

Scale up: Cassandra und PNUTS bleiben während der Dauer relativ konstant. Bei HBase zeigen sich große Schwankungen, insbesondere wenn nur eine geringe Anzahl von Rechnern integriert wird.

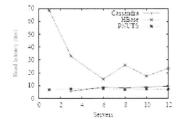

Figure 22. Diese Grafik stellt die Lese-Performanz dar, wenn die Anzahl der in den Cluster integrierten Server steigt.[18]

Elastic Speedup: Beim dynamischen Einbinden von Rechnern während des laufenden Betriebes, steigt bei Cassandra die Latenzzeit stark an. PNUTS zeigt ähnliches Verhalten, stabilisiert sich aber deutlich schneller. Das beste Ergebnis lieferte HBase. Die Latenzzeit verringerte sich sobald ein neuer Rechner aufgenommen wurde. Im Gegensatz zu den zwei anderen Systemen nutzt HBase die zusätzliche Ressource nur um Lese- oder Schreibanfragen zu verteilen. Die physischen Daten werden erst nach einer Verdichtung auf den neuen Rechner übertragen, und nicht sofort wie es bei PNUTS und Cassandra der Fall ist. [18]

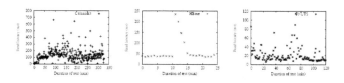

Figure 23. Die Zeitlinie stellt die Auswirkung auf die Performance dar, wenn ein Server zur Laufzeit hinzugefügt wird [18]

V. ZUSAMMENFASSUNG UND AUSBLICK

Dieser Artikel liefert einen kleinen Einblick in die Welt der verteilten spaltenorientierten Datenbanken. Vor allem in der Zeit der Web 2.0 Anwendungen, ist ein genereller Trend zu vernehmen, dass nicht-relationale Systeme immer mehr an Bedeutung gewinnen. Bei der Wahl der richtigen Systemeigenschaften kommt es einerseits auf die Struktur der Daten an, andererseits sind die Anforderungen, die an das System gestellt werden ein zentrales Thema. So ist es möglich, das System mit bestimmten Eigenschaften auszustatten und zu optimieren. Jedoch ist noch viel Arbeit im Bereich der spaltenorientierten Datenbanken nötig, um alle Wechselwirkungen zu ermitteln. Vor allem im Bereich der Programmierschnittstellen, liegen sie hinter den relationalen Systemen. So müssen manche NoSQL Anwender bei komplexen Abfragen oft auf Map/Reduce Funktionen zurückgreifen. Und dies in definierten Sprachen, die der Anwender eventuell nicht beherrscht. [1] Derzeit beschäftigen sich aktuelle Untersuchungen mit hybriden Systemen. Das Ziel ist es, die Stärken beider Systemarten zu vereinen, da beide Modelle unbestreitbare Vorteile haben. [21]

[1] Edlich, S., Friedland, A., Hampe, J., Brauer, B. NoSQL- Einstieg in die Welt nichtrelationaler Web 2.0 Datenbanken. Hanser Fachbuchverlag, Oktober 2010

[2] Chang, F., Dean, J., Ghemawat, S., Hsieh, W. C., Wallach, D. A., Burrows, M., Chandra, T., Fikes, A., and Gruber, R. E. Bigtable: A Distributed Storage System for Structured Data. In Proceedings of the 7th Symposium on Operating Systems Design and Implementation. ACM, New York, 2008. DOI= http://doi.acm.org/10.1145/1365815.1365816

[3] Burrows, M.The Chubby lock service for loosely-coupled distributed systems. In Proceedings of the 7th Symposium on Operating Systems Design and ImplementationACM, Seattle, Washington, pages 335-350, 2006. http://labs.google.com/papers/chubby-osdi06.pdf

[4] Abadi, D.J., Madden, S.R., Hache, N. Column-Stores vs. Row Stores: How Different Are They Really? In Proceedings of the ACM SIGMOD international conference on Management of data, ACM, New York, 2008. DOI= http://doi.acm.org/10.1145/1376616.1376712

[5] Abadi, D. J. Column-Stores For Wide and Sparse Data. Published in the 3rd Biennal Conference on Innovative Data Systems Research CIDR,

Asilomar, California, pages 292-297, 2007. http://db.csail.mit.edu/projects/cstore/abadicidr07.pdf

[6] Dean, J. Ghemawat, S. MapReduce: Simplified Data Processing on Large Clusters. Communications of the ACM, 51(1), 107-113, Jänner 2008. http://labs.google.com/papers/mapreduce-osdi04.pdf

[7] Ghemawat, S., Gobioff, H., Leung, S.-T. The Google File System. SOSP Proceedings oft he 19th ACM Symposium on Operating System Principles, ACM, New York, 2003. DOI= http://doi.acm.org/10.1145/945445.945450

[8] Copeland, G. P., Khoshafian S. N. A decomposed storage model In Proceedings of the ACM SIGMOD international conference on Management of data, ACM, New York, 1985 http://portal.acm.org/citation.cfm?doid=318898.318923

[9] Copeland, G. P., Khoshafian, S.N., Jagodits, T., Boral, H., Valduriez, P. A Query Processing Strategy For The Decomposed Storage Model. In Proceedings of the Third International Conference on Data Engineering. IEEE Computer Society, Washington DC, pages 636 – 643, 1987, http://portal.acm.org/citation.cfm?id=645472.655555&coll=DL&dl=GU IDE&CFID=32059586&CFTOKEN=95703092

[10] Vardanyan, M. Picking the right NoSQL Database Tool. http://blog.monitis.com/index.php/2011/05/22/picking-the-right-nosql-database-tool/. (letzter Zugriff: 2011-07-04)

[11] Pei Cao. Bloom Filters – the math. http://pages.cs.wisc.edu/~cao/papers/summary-cache/node8.html (letzter Zugriff: 2011-07-04)

[12] Bösswetter, D. Spaltenorientierte Datenbanken. http://www.gi.de/no_cache/service/informatiklexikon/informatiklexikon -detailansicht/meldung/spaltenorientierte-datenbanken-267.html

[13] Pritchett, D. BASE AN ACID ALTERNATIVE. ACM Queue – Objekt-Relational Mapping. 6(3),48-55, Mai/Juni 2008, http://queue.acm.org/detail.cfm?id=1394128

[14] Khetrapal, A., Ganesh, V. HBase and Hypertable for large scale distributed storage systems. Techn. Report, Purdue University, 2006, http://www.uavindia.com/ankur/downloads/HypertableHBaseEval2.pdf

[15] Cattell, Rick. Scalable SQL and NoSQL Data Stores. SIGMOD Record. 39(4), Dezember 2010, http://www.sigmod.org/publications/sigmod-record/1012/pdfs/04.surveys.cattell.pdf

[16] Lamport, L. Paxos Made Simple. ACM SIGACT News. 32(4), 18-25, Dezember 2001, http://citeseerx.ist.psu.edu/viewdoc/download?doi=10.1.1.69.3093&rep =rep1&type=pdf

[17] Vogels, W. Eventually Consistent. Communications of the ACM. 52(1), 40-44, Jänner 2009, DOI= http://doi.acm.org/10.1145/1435417.1435432

[18] Cooper, B. F., Silberstein, A., Tam, E., Ramakrishnan, R., Sears, R. Benchmarking cloud serving system with YCSB. In Proceedings of the 1st ACM Symposium on Cloud Computing. ACM, New York, pages 143-154, 2010, DOI=http://doi.acm.org/10.1145/1807128.1807152

[19] Harrison, G. Column-oriented databases and columnar expression. http://guyharrison.squarespace.com/blog/2009/9/2/columnar-compression-in-11gr2.html.(letzter Zugriff: 2011-07-04)

[20] NoSQL Archiv
http://nosql-database.org/
(letzter Zugriff: 2011-07-04)

[21] Harizopoulus, S., Abadi, D., Boncz, P. Column-Oriented Database System. VLDB Tutorial 2009. http://cs-www.cs.yale.edu/homes/dna/talks/Column_Store_Tutorial_VLDB09.pd f.